ÉLOGE

DE

M. LE MARQUIS

DE MONTMIRAIL

Lu à l'assemblée publique de l'Académie Royale des Sciences, du 17 Avril 1765.

ÉLOGE

DE
M. LE MARQUIS
DE MONTMIRAIL.

HARLES-FRANÇOIS LE
TELLIER, Marquis de Mont-
mirail, Brigadier des armées
du Roi, Chevalier de l'Ordre royal &
militaire de St Louis, Capitaine-colonel
de la compagnie des Cent - suisses de la
garde ordinaire du Corps du Roi, Mestre-
de - camp du régiment Royal-Roussillon,

A ij

Cavalerie, naquit à Paris le 11 Septembre
1734, de François-Céfar le Tellier, Marquis de Courtanvaux, Capitaine - colonel
des Cent-fuiffes de la Garde, & de Louife-
Antoinette de Gontaud de Biron, fille de
François-Armand de Gontaud, Duc de
Biron, Pair de France.

Il fit fes premières études au collége de
Louis-le-Grand, tenu alors par les Jéfuites;
jamais difpofitions heureufes, jamais caractère aimable ne fe développèrent de fi bonne
heure: il étoit à la fois l'objet des attentions
de fes maîtres, & celui de l'amitié de fes
compagnons d'étude. Ils voyoient fans
regret & fans jaloufie toutes les préférences
& les diftinctions que lui attiroient fes
vertus naiffantes & fes talens. Sa douceur
& fa modeftie à leur égard adouciffoient
le défagrément qu'elles auroient dû leur
caufer. Ses maîtres auroient pu être féduits,
mais le jugement de fes compagnons ne

peut être suspect : on sait jusqu'à quel point
les écoliers portent la liberté de leurs dis-
cours, & combien l'art de la politique leur
est étranger en pareil cas.

L'indulgence que ses maîtres avoient
pour lui, n'étoit cependant pas, à beaucoup près aussi grande qu'elle auroit pu
le paroître au premier coup d'œil; elle
n'alloit qu'à fermer les yeux sur l'emploi
du temps que lui laissoit l'extrême facilité
qu'il avoit à remplir ses devoirs. Ce temps
duquel on ne lui demandoit pas compte,
étoit employé, non à des jeux ordinaires
aux enfans, mais à la lecture des meil-
leurs livres en tout genre, qu'il dévo-
roit avec avidité, & desquels il commen-
çoit dès-lors à se faire une bibliothèque
choisie & remplie des plus belles éditions;
son goût en ce point avoit été aussi précoce
que ses autres talens. On lui a vu lire sur-
tout deux fois de suite avec une extrême

attention, Tacite & Polybe; Tacite le peintre le plus expreffif des mœurs des différentes Nations, & Polybe, l'ouvrage le plus favant & le plus fuivi que l'Antiquité nous ait tranfmis fur l'art militaire : c'étoit à ces lectures que le jeune Marquis de Crufy (car ce fut le premier nom que porta M. de Montmirail) employoit le temps qu'il déroboit à fes autres occupations. Ces momens dérobés ne l'empêchoient cependant pas d'emporter les premières places & les prix de toute efpèce; il en réfultoit feulement qu'il faifoit de lui-même & fans qu'on parût s'en apercevoir, deux études au lieu d'une, & qu'il fe préparoit des reffources infinies pour les fonctions auxquelles il étoit deftiné. Les jeux fi vivement recherchés par les jeunes gens de fon âge, lui étoient devenus infipides; les arts même qui n'ont pour but que l'agrément ou le plaifir, n'attiroient que peu ou point fon attention.

Il se plaisoit bien davantage à la Physique, aux observations d'Histoire Naturelle, aux livres de mœurs & de caractères, & à tout ce qui pouvoit le rendre bon citoyen, habile littérateur, véritable ami & courtisan vertueux; en un mot, il étoit philosophe long-temps avant que d'avoir atteint l'âge auquel on commence à être homme. On eût dit que par un singulier privilége son ame agissoit seule & indépendamment du développement de ses organes. L'étude des humanités fut suivie de celle de la Philosophie; malheureusement pour la Logique, il avoit commencé l'étude des Mathématiques sous le P. de Merville. L'habitude de raisonner juste, qu'il y avoit prise, lui inspira bien-tôt du dégoût pour toutes les règles de la Logique, qui lui étoient presqu'inutiles, & pour cette forme de l'école, qui sert peut-être moins souvent à décou-

A iiij

vrir le vrai, qu'à donner à l'erreur l'air &
l'apparence de la vérité.

Au fortir de fes études & à peine âgé
de dix-fept ans, M. de Montmirail commença fa carrière militaire; il entra dans la
première Compagnie des Moufquetaires:
la même envie de remplir fes devoirs, &
la même folidité d'efprit qu'il avoit mon-
trées dans le cours de fes études, le fuivirent
dans ce genre de vie fi différent du premier.
Les vides du fervice fi fouvent mal ou inu-
tilement employés par les jeunes Officiers,
furent remplis chez lui par une étude fuivie
de toutes les parties néceffaires à un Officier
qui veut fe diftinguer. Il n'avoit point, à
proprement parler, eu d'enfance; il eut
encore moins de jeuneffe, du moins fi on
entend par ce mot l'abus que le commun
des hommes ne fait que trop ordinairement
des plus précieux momens de la vie.

Après avoir fervi pendant plus de trois

ans dans les Mousquetaires, avec la plus grande satisfaction de ses supérieurs, le Roi lui accorda l'agrément de la charge de Capitaine-colonel des Cent-suisses de la garde, de laquelle M. son père se démettoit en sa faveur. Il y fut reçu le 28 Novembre 1754, & il reçut le lendemain une commission de Colonel d'Infanterie, en vertu de laquelle il pût être employé lorsque la Compagnie des Cent-suisses, qui ne quitte jamais la personne du Roi, ne serviroit pas à l'armée.

Il servit en effet bien-tôt après, & grâce aux avantages qu'il s'étoit ménagés avec tant de soin, il eut le plaisir sensible de voir les Militaires les plus habiles dans cet art, applaudir à ses premiers efforts, & reconnoître la supériorité de son génie.

M. le Maréchal d'Étrées ayant joint l'armée en 1757, M. de Montmirail son neveu l'y suivit en qualité d'Aide-de-camp ; ce fut-là qu'il étudia avec foin l'application des règles aux évènemens. Les marches favantes du Général étoient devenues l'objet de fes attentions; il en admiroit la prudence, il en pénétroit les motifs, il prévenoit même avec juftefle de nouveaux ordres dans les occafions où il n'étoit pas poffible de les attendre. M. le Maréchal avoit en la perfonne de fon neveu, tout jeune qu'il étoit, non-feulement un Aide-de-camp fur l'activité duquel il pouvoit compter, mais encore un fage Officier fur lequel il pouvoit fe repofer pour les cas imprévus ; & les ennemis s'aperçurent plus d'une fois que la préfence de ce jeune guerrier leur étoit plus dangereufe que celle de beaucoup d'autres Officiers qui avoient blanchi fous les armes.

Il fe trouva la même année à la fameufe journée d'Haftembeck ; la fageffe & la prudence des difpofitions, ces fources fûres, mais cachées, du succès & de la victoire, n'échappèrent pas à ses yeux pénétrans : il vit d'un seul coup d'œil toutes les ressources qu'elles pouvoient offrir dans les différentes circonstances de l'exécution, & cette connoissance réfléchie le mit en état de se livrer à toute son ardeur, & de porter partout avec une activité dont on avoit peu d'exemples, non-seulement les ordres, mais encore l'esprit & les vues du Général.

. Ce n'étoit pas assez pour M. de Montmirail, que de servir avec toute l'intelligence & toute la valeur d'un bon Officier; les circonstances exigèrent souvent de lui des services d'un autre genre : il fut souvent employé à des détails intéressans, à des négociations secrètes & délicates & à d'autres commissions qui demandoient une prudence consommée, & qui sembloient exiger une longue expérience; elles furent cependant remplies avec le plus grand succès par le Marquis de Montmirail, âgé à peine de vingt-trois ans. Ses talens & sa prudence remplaçoient avantageusement les années qui lui manquoient.

Au mois d'Août 1758, le Roi lui accorda le brevet de Meftre-de-camp du régiment Royal-Rouffillon, Cavalerie. Ce corps avoit été extrêmement maltraité à la bataille de Crevelt, on l'avoit fait repaffer en France, & il avoit befoin pour fe rétablir, des foins & des attentions fuivies qu'il trouva dans le jeune Colonel. Cette circonftance & la retraite de M. le Maréchal d'Étrées, retinrent pendant près de deux ans entiers, l'ardeur de M. de Montmirail, qui n'eut plus pendant ce temps-les mêmes occafions de fervir & de fe fignaler.

Ce ne fut qu'en 1761 qu'il retourna à fes fonctions militaires auprès de M. le Maréchal d'Étrées, qui prit alors le commandement général de l'Armée françoife;

il le fuivit par-tout avec fon zèle & fon activité ordinaires, & eut part à toutes les opérations qui fe firent auprès de ce Général. Il ne tint pas à lui qu'il ne fe trouvât à beaucoup d'autres; fon régiment étoit au mois de Juillet 1762, dans un endroit affez éloigné du quartier général, il fut qu'il pouvoit y avoir une action, c'en fut affez pour l'engager à faire auprès de M. le Maréchal les plus vives inftances pour obtenir la liberté d'aller fe mettre à la tête de ce Corps: elle lui fut refufée, il ne fe rebuta pas pour cela, & il fallut que les rémontrances de l'oncle à fon neveu, fe changeaffent en un ordre précis du Général de demeurer à fon pofte, où il étoit encore plus utile pour le fervice du Roi.

Les fervices que M. de Montmirail avoit rendus, méritoient une récompenfe, elle lui fut accordée; le Roi l'honora le 25 Juillet 1762, du brevet de Brigadier de ſes armées, il avoit alors vingt-huit ans. On feroit une liſte aſſez courte des ſimples particuliers qui ont obtenu le même grade à cet âge, & peut-être une encore moins longue de ceux de ces derniers, qui l'ont auſſi-bien mérité que lui. Il obtint à la fin de l'année la Croix de Saint-Louis.

La paix qui ſe fit en 1763, mit fin à la carrière militaire de M. de Montmirail; mais la réforme qui la ſuivit lui donna de nouvelles occupations d'autant plus délicates que le plan de ce nouvel arrangement ſacrifioit au bien du ſervice les intérêts d'une infinité d'excellens Officiers & de braves Soldats, qui voyoient reculer au moins de beaucoup les graces & les ré-compenſes qu'ils avoient acquiſes au prix de leur ſang & de leurs ſervices : M. de Montmirail ne les abandonna pas dans une circonſtance ſi critique; l'attachement que tous les Officiers de ſon régiment avoient

pour lui adoucit l'amertume de ce chan-
gement, & il mit en œuvre, de fon côté,
tous fes foins & tout fon crédit pour leur
en diminuer la rigueur.

Ce fut à cette utile & généreufe occupation
qu'il employa une partie de fon femeftre,
& ce ne fut qu'après s'en être acquitté,
autant qu'il étoit poffible à la fatisfaction
de tout le monde, que nous le vimes
reprendre parmi nous des fonctions d'un
autre genre & defquelles il ne s'acquittoit
pas moins fupérieurement. Il avoit obtenu
au commencement de 1761, dans cette
Académie, la place d'Honoraire, vacante
par la mort de M. de Séchelles, la même
douceur de caractère, qui l'avoit fait adorer
du Militaire, lui avoit attiré le cœur de
tous les Académiciens ; il avoit été nommé
par le Roi Vice-préfident en 1762, &
nous l'eumes à notre tête en 1763. On
auroit peine à croire avec quelle facilité il

s'étoit mis au fait d'un genre de gouvernement si nouveau pour lui, & qui lui devoit paroître si différent de ceux auxquels il avoit été appelé ; jamais l'Académie n'a été plus sagement conduite que par ce Préfident, âgé de vingt-neuf ans, & qui ne la connoiffoit que depuis trois années, defquelles il avoit employé la plus grande partie à fes campagnes ; il avoit pénétré tous les intérêts de ce corps ; il en connoiffoit tous les Membres, & il ne s'occupoit que des moyens d'y entretenir la noble émulation, qui en eft l'ame, & à éloigner tout ce qui pouvoit en retarder les travaux ou en refroidir l'ardeur ; c'eft à lui qu'on doit d'avoir engagé M.rs de la Lande, Tillet, Leroi & Bezout, à fe charger de la rédaction de quatre années de notre Hiftoire, pour accélérer la publication de nos volumes, que diverfes circonftances avoient retardée ; il méditoit

encore des arrangemens plus utiles, &
l'extrême confiance que l'Académie avoit
prise pour lui permettoit d'en espérer une
heureuse réussite ; en un mot il jouissoit
dans cette sorte de République, si jalouse
de sa liberté, d'une espèce de dictature
uniquement fondée sur l'estime & sur
l'amitié qu'il s'y étoit acquises.

La paix, qui avoit rendu M. de Montmirail à lui-même & à sa famille, fit
desirer qu'il en profitât pour prendre un
établissement ; il étoit fils unique & toute
l'espérance de sa Maison étoit en lui ; il
connoissoit depuis du temps Madame la
Marquise de Lanmari, veuve du Marquis
de ce nom, fille de M. le Comte de
Bretonvilliers & d'Adelaïde-Françoise de
Chertemps de Seuil, l'estime & l'amitié
qu'ils avoient pris l'un pour l'autre leur fit
desirer d'en resserrer les nœuds par ceux
du Mariage, & il l'épousa le 20 Juin

1763 ; leur attente ne fut pas trompée, jamais union ne fut plus douce & plus tendre : elle fut cimentée par la naiſſance d'une fille, & M. de Montmirail étoit ſi flatté du bonheur dont il jouiſſoit, que peu de jours avant que l'Académie ſe ſéparât pour les vacances de 1764, il m'en faiſoit encore confidence dans les termes les plus touchans ; c'étoit mériter ce bonheur que de ſavoir ſi bien le ſentir.

A la Saint-Martin dernière, M. de Montmirail revint à nos Aſſemblées, & nous le revimes avec tout le plaiſir que nous inſpiroit toujours ſa préſence ; nous ignorions alors, & il l'ignoroit lui-même, qu'il nous reſtoit bien peu de temps à le poſſéder ; il revint cependant encore à l'Aſſemblée du 17 Novembre, mais preſqu'auſſitôt après il tomba malade d'une fièvre maligne ; les ſecours de l'art les plus prompts & les plus puiſſans lui furent adminiſtrés, mais il ne fut pas poſſible de vaincre le mal, & après s'être préparé à la mort, en recevant les Sacremens de l'Égliſe avec la piété la plus édifiante & la réſignation la plus parfaite, il mourut le 13 Décembre 1764, emportant avec lui l'eſtime publique, les regrêts de tous ceux qui l'avoient connu, & toute l'eſpérance de ſa famille.

Ce que nous avons dit de **M.** de Montmirail a dû preſque repréſenter ſon caractère; il étoit grand, bien fait & portoit la phyſionomie la plus heureuſe; ſa douceur paroiſſoit ſur ſon viſage & dans tout ſon maintien; l'égalité de ſon ame étoit ſi ſingulière, qu'on ignore preſque qu'elle ait jamais été troublée; ſa converſation étoit douce & enjouée; les paſſions, qui ne germent que trop aiſément dans le feu de la jeuneſſe, n'avoient pas même effleuré la régularité de ſes mœurs; ſa raiſon prématurée, son amour pour le travail & pour tout dire aussi, la religion dont il avoit toujours été pénétré l'avoient préservé de leurs attaques, & lorsqu'il commença à paroître à la Cour, il y offrit le spectacle, par malheur trop singulier, d'un Courtisan vertueux sans en être moins aimable.

Personne n'a plus joui que lui de l'attachement de tous ceux qui le connoissoient, & personne ne l'a mieux mérité; son extrême modestie le mettoit toujours au niveau de tous ceux qui avoient affaire à lui, & jamais il n'a fait sentir sa supériorité que par ses bienfaits; Ses réprimandes même, lorsqu'il se trouvoit obligé d'en faire, perdoient la plus grande partie de leur désagrément par la manière dont il savoit les assaisonner. Dès qu'il connoissoit quelque Gentilhomme que la médiocrité de sa fortune empêchoit de servir, il levoit, à ses dépens, cet obstacle & les mettoit en état de suivre cette noble inclination ; M. le Comte de l'Épinasse, Gentilhomme de son voisinage, étoit souvent chargé de lui faire de ces généreuses recrues ; il s'est cru dispensé, à la mort de M. de Montmirail, du secret qu'il lui avoit religieusement gardé pendant sa vie ; c'est de lui que je tiens ce fait, ainsi que plusieurs autres que j'ai employés dans cet éloge.

Il étoit si tendrement & si généralement aimé à Tonnerre, ville appartenant à M. le Marquis de Courtanvaux, que dès qu'on y sut sa maladie, les églises ne désemplissoient point de ceux qui venoient implorer pour lui la Miséricorde divine, & que le Corps de ville assistoit tous les jours dans différentes églises à une Messe célébrée à cette intention.

M. de Montmirail étoit extrêmement ménager du temps ; tout celui que ses devoirs remplis lui laissoient, étoit mis à profit pour l'étude des Mathématiques, de la Phyſique & ſur-tout de l'Hiſtoire Naturelle qu'il aimoit particulièrement : tout ce qui pouvoit avoir rapport à ces objets dans les endroits où il ſe trouvoit, livres, manuſcrits, pièces curieuſes, rien ne lui échappoit, & il n'épargnoit rien pour ſe les procurer. C'étoit à des occupations de ce genre qu'il conſacroit tous les momens dont il pouvoit diſpoſer, & il les préféroit hautement à tout ce que dans le monde on nomme des plaiſirs ; ce n'étoit pas cependant qu'il manquât à aucun des devoirs de la ſociété, il y paroiſſoit & en faiſoit l'ornement, mais il ne donnoit à ces bienſéances que préciſément ce qui leur étoit dû, & le reſte de ſon temps étoit ſévèrement réſervé à des occupations plus utiles ; en un mot, on peut dire que jamais homme de ſon âge & de ſon état n'a mieux mérité l'eſtime

& les regrets que le Public lui a si juste-
ment accordés.

La place d'Honoraire de M. de Montmirail, a été remplie par M. le Marquis
de Courtanvaux, son père, Capitaine-
colonel des Cent-suisses de la garde ordinaire du Corps du Roi.